AF322067

SENTIMENS

D'UN

VRAI REPUBLICAIN,

SUR LE

PROCÈS DE LOUIS CAPET.

Par M. Vernier.

IL est bien étonnant sans doute , de me trouver presque le seul dans toute la République françoise, qui ose élever la voix, pour faire connoître à la Convention nationale , quelle est l'opinion publique sur le procès de Louis le dernier. On ne sauroit cependant trop l'environner de lumières , dans un moment où elle va prononcer un jugement d'une si haute importance. Quoiqu'il en soit , les langues semblent enchaînées, & les écrivains les plus éclairés, frappés d'une stupeur soudaine ; ne semblent pas oser aborder une question aussi épineuse. Sommes nous donc sous le règne du despotisme,

A

et l'arbre de la liberté n'a - t - il pas encore étendu ses rameaux bienfaisans sur toute la République ?

Louis Capet ! ne crois pas que je vienne ici te deffendre , non. Ce qui m'engage à prendre la plume aujourd'hui , est la gloire de mon Pays. J'aime ma Patrie avec passion : tout ce qui s'y passe m'affecte vivement. Tels sont mes sentimens ; tels doivent être ceux d'un vrai Républicain.

Je ne reçus jamais de graces de la Cour , & je ne les enviai jamais. Si je me suis approché quelques fois de ce Cloaque empesté , sur-tout depuis le commencement de la révolution , ce n'a jamais été que pour la juger et la mépriser. Le seul sentiment que m'a inspiré Louis Capet , lors même qu'il étoit dans toute sa splendeur, a été un sentiment de mépris & de pitié.

Ce ci-devant Roi étoit si foible , si incapable de régner par lui-même. Il étoit si mal entouré, si mal conseillé , si souvent trompé , que tout homme impartial l'approchant un peu de près, l'examinant avec un œil philosophique , ne pouvoit s'empêcher de le mépriser & de le plaindre. Aussi en empruntant les expressions d'un

Auteur moderne , je puis dire : « Ombres que
» je révère, Ombres sacrées de Caton & de
» Brutus, j'écris au pied de vos statues, je suis
» digne de vous ; je déteste les Rois : tout
» César m'est odieux ; *& toi Louis........ je*
» *croyois te haïr, je te méprise.*

Cependant Louis étoit bon & compatissant
envers les malheureux (1), & il a toujours passé
pour honnête homme & le plus économe de son
Royaume. S'il eût été un homme ordinaire ,
placé dans un rang inférieur de la société , il
eût été bon père, mari économe. Ce sont de ces
vérités incontestables , dont ses ennemis les plus
acharnés ne peuvent, s'ils veulent être de bonne
foi , s'empêcher de convenir.

Mais il étoit appellé à régir un grand Royaume , un des plus florissans de l'univers, Il laissa
tomber les rênes de ses mains débiles ; sa tête
ne put jamais soutenir une si pésante couronne.
Bientôt s'abandonnant à une femme cruelle ,
débauchée , vindicative , ambitieuse , qui l'a

---

(1) Il n'est sortes de traits de bienfaisance, qu'on
n'ait cité de lui dans le grand Hyver et dans
beaucoup d'autres circonstances.

perdu dans l'efprit du peuple qui l'adoroit ; en-
vironné de Prêtres fanatiques, de Miniftres
pervers, de vils Courtisans qui le trompoient
fans ceffe ; il s'eft vû en peu de tems précipité
d'un trône, fur lequel il ne pouvoit plus fe
foutenir, & il eft maintenant plongé dans une
prifon obfcure, auec une partie de fa famille.
Tel eft le jufte chatiment dû à fon ineptie &
à fes crimes.

En ce moment il s'agit de le juger, & la
Convention nationale a décrété, que d'après le
vœu général, elle prononceroit fur fon fort.
Il paroît conftant, que, s'il eft jugé d'après
l'ancienne Conftitution, Louis Capet ne peut
& ne doit encourir que la déchéance. Mais,
fi la Convention veut fuivre une autre marche,
pent-elle & doit-elle, pour la gloire de la
Nation Françoife, condamner Louis Capet au
dernier fupplice, & le faire périr fur un écha-
faud. Tel eft la grande queftion qu'il s'agit de
réfoudre.

En admettant, ce qui n'eft pas encore prouvé
de la manière la plus évidente, & ce qui eft
abfolument néceffaire pour un jugement auffi
folemnel, que Louis Capet, qui a toujours répu-

(5)

gné à verfer le fang de fon peeple, (2). foit
convaincu des plus grands crimes , j'ofe dire
que l'arrêt de mort qui feroit prononcé contre
lui , imprimeroit à la Nation Françoife , qui
paffe pour fi généreufe , une tache d'infamie ,
dont elle ne fe laveroit jamais. Oui , j'ofe le
dire , fans crainte d'être démenti , à moins que
ce ne foit par quelques vils factieux , cachants
fous les déhors trompeurs du plus ardent patrio-
tifme, des vues ambitieufes, & craignaut jufqu'à
l'ombre d'un Roi , hors d'état de pouvoir jamais
leur nuire ; ou bien encore par ces boureaux
cruels , ces êtres fanguinaires , qui ne refpirent
que fang & que carnage , & n'ont pas de plus
douces jouiffances , que de plonger & replonger
leurs mains dans le fang même de leurs con-

____

(2) Notamment en Octobre 1789 , lorsqu'il
ordonna à ses gardes de se retirer et de ne se
permettre aucune violence contre le peuple qui
accouroit en foule au Château. C'est à tort qu'on
lui impute l'affaire du Champ de Mars , au mois
de Juillet 1791 , puisqu'il étoit dans ce tems en
état d'arrestation aux Tuileries depuis son retour
de Varennes , et qu'il étoit suspendu de toutes
ses fonctions à cette époque.

A 3

citoyens , & qui n'oferoient pas affronter les vrais ennemis de l'Etat. Ces vérités font dures, mais un Républicain ne doit pas flatter.

Dignes repréfentans de notre République, écoutez favorablement mes vœux, qui partent d'une âme franche & loyale, appréciés mes intentions pures , fans vous arrêter à mes expreffions. Avant de fixer irrévocablement le fort de Louis Capet, réceuillez-vous profondement & réfléchiffez mûrement fur les fonctions importantes , qui vous font confiées. Gardez-vous de mériter le reproche de ne pas laiffer à l'accufé , le tems de préfenter fes défenfes. Mettez dans cette affaire toute la grandeur d'âme, la générofité de la nation que vous repréfentez. Songez que vous tenez en vos mains , l'honneur & la gloire de la Nation Françaife ; fongez qu'après avoir jugé Louis , vous ferez jugés à votre tour , par la génération préfente & future.

Confultez enfin avant de prononcer, l'opinion la plus générale, dont vous devez être l'écho fidèle, pour ne pas tomber dans l'erreur & vous verrez , qu'elle n'eft pas pour que vous prononciez un arrêt de mort contre ce Prince plus foible que cruel , plus malheureux que coupable. Cette opinion vient de fe manifefter

(7)

d'une manière bien évidente , lorsqu'il a été amené devant la Convention. Dans aucun carrefour , dans aucune place publique , le peuple n'a prononcé contre lui d'arrêt de proscription. Le Français , ce peuple si doux, & si humain , ne verra donc pas sans la plus vive douleur , couler le sang d'un de ses Rois.

Une preuve encor de ce que j'avance , c'est que depuis 4 mois que Louis est dan les fers , vous n'avez pas reçu , des différentes parties de la République , des adresses continuelles qui demandent que vous accéleriez le procès du ci-devant Roi , & qui vous expriment leur vœu unanime , pour que vous le fassiez conduire à l'échaffaud. Il est donc vrai de dire, que l'opinion générale n'est pas pour que vous le fassiez périr.

Consultez les peuples qui vous environnent vos voisins , par exemple les Anglais , ce peuple fier & digne d'être républicain. Ils ont toujours eu en horreur l'attentat commis sur Charles premier l'un de leurs rois , & ont depuis chassé loin de l'Angleterre un de ses successeurs plus coupable que lui. Ils semblent nous donner à cet égard , un exemple salutaire. D'ailleurs, leur façon de penser sur les circonstances actuelles n'eſt pas douteuſe. On lit dans un journal digne de foi, une lettre de Londres qui s'exprime ainſi qu'il ſuit. » Il n'y a perſonne ici qui ne penſe que Louis XVI ne ſoit coupable. *Mais* » *ne trouvez pas étonnant que le peuple Anglais* » *prétende, que vous devez commuer la peine que* » *mérite Louis XVI. Je deſire que votre Con-* » *vention ſoit environnée d'aſſez de forces & de* » *respect, pour ne pouvoir conſulter en cette circons-* » *tance, que la ſaine politique & les vrais in-* » *téréts de la nation. Il ſeroit honteux pour* » *vous de craindre un prince nul dans tous les* » *temps & qui est mépriſable & mépriſé.*

Les Suedois ont auſſi banni un de leurs rois & ſont bien plus glorieux de n'avoir pas à rougir, de l'avoir ſacrifié à leur juſte vengeance. Les Romains enfin, ces dignes républicains, ont chaſſé les Tarquins loin de leur territoire, & nous, nous craindrions de bannir loin de la République, Louis avec toute ſa famille : ce ci-devant Roi qui fut toujours ſi inepte & ſi incapable de regner ? Craint-on qu'il ne vienne avec un parti redoutable et puiſſant, chercher à replacer ſur ſa tête, une couronø qu'il ne ſut pas conſerver.

Non. Cela n'eſt pas poſſible ; la nation Fran

çaife a voulu être libre & fe former en République, rien ne pourra jamais la faire changer.
D'après cela, je puis dire avec affûrance, que
quand toutes les nations de la terre s'armeroient
contre nous, & fe ligueroient pour nous écrafer,
elles ne viendroient jamais à bout de nous charger
de nos anciens fers. Si, par impoffible, elles par-
venoient à envahir tout notre territoire, elles
domineroient fur des monceaux de ruines & de
cadavres, non, ce ne feroit plus fur des Français, qu'elles viendroient appéfantir leurs chaî-
nes, il ne s'en trouveroit plus un feul, ils
feroient tous péris en combattant pour leur
pays & en deffendant leur liberté. Mais ces hyp-
pothèfes font impoffibles & nous fommes au
contraire bien éloignés de concevoir de pa-
reilles craintes.

Tous les trônes font ébranlés, les tyrans font
tremblans & les peuples commencent à res-
pirer l'air de la liberté, graces à la philofophie
qui va bientôt répandre fa bénigne influence
fur toutes les régions de la terre.

Au nom de cette douce philofophie, amie
de l'humanité, fouverains Légiflateurs, épar-

gnez vous & à toute la Nation que vous re-
présentez, un opprobre éternel. Suivez l'exemple
des Romains, des Suédois, & des Anglais.
Car enfin, en suppofant, que d'après votre arrêt,
Louis le dernier périffe fur un échaffaud,
quʼAntoinette fubiffe le même fort, que ferez-
vous de ſes malheureux enfans, plongerez vous
un poignard homicide dans le ſein de ſon fils
âgé de ſept ans ? Non, vous ne ſerez pas ſi
cruels ; car ces idées font frémir d'horreur les
âmes les moins compatiffantes. Vous prendrez
fans doute, le ſeul parti qui vous reſte, le ſeul
qui ſoit le moins à charge à la Nation, le ſeul
digne de ſa générofité & de ſa clémence ; vous
bannirez à jamais de votre territoire cette famille errante, couverte de honte & d'ignominie
rongée de remords & de miſère. Elle ira traî-
ner loin de nous ſon exiſtence malheureuſe, &
pourra ſervir d'exemple continuellement renaiſ-
fant, à tous les Rois de la terre. Que la tête
de Louis Capet, celle de ſes frères, celle de
tous leurs deſcendans ſoit miſe à prix, dans le
cas où ils oſeroient fouiller de leurs pieds le
territoire ſacré de la République. Telle doit
être la conduite d'une nation magnanime &
généreuſe, qui ſait apprécier ce que valent les

Rois. Il est donc évidemment démontré par l'histoire ancienne & moderne, d'après l'exemple des Romains, des Suédois, & des Anglais & en consultant l'opinion la plus générale ; non-seulement de la France, mais de toute l'Europe, qui a les yeux ouverts sur nous, que la mort de Louis Capet seroit un crime inutile pour l'Etat, & qu'elle imprimeroit à la nation Française un opprobre éternel. Tels sont les sentimens d'un vrai Républicain, jaloux de la gloire & de l'honneur de son pays.